Inhalt

Bayer übernimmt Schering - Größte deutsche Pharmafusion, aber international trotzdem nur Mittelklasse

Autor GENIOS BranchenWissen: A.Schneider

Kernthesen

- Der Konsolidierungsprozess der Pharmabranche hält nun bereits über eine Dekade an.
- Der Weiße Ritter Bayer wird sich als neuer Primus an die Spitze der deutschen Pharmabranche setzen, bleibt aber international ein eher mittelständischer

Nischenanbieter.

- Das neu entstehende Unternehmen Bayer Schering Pharma soll seinen Sitz in Berlin haben, wäre Marktführer im deutschen Pharmageschäft und hätte einen Pharma-Umsatz von mehr als neun Milliarden Euro.
- Der Schwarze Ritter Merck dürfte seit Ende Januar gut 250 Millionen Euro an dem Schering-Deal verdient haben und könnte den frei werdenden Platz von Schering im Dax einnehmen.
- Als weitere Übernahmekandidaten im deutschen Mittelfeld der Pharmabranche werden Altana, Schwarz Pharma und der Generikahersteller Stada gehandelt.

Beitrag

Als Weißer Ritter erlöst Bayer seinen Mitbewerber Schering vor einer feindlichen Übernahme und schlägt selbst zu. Doch ein weltweit bedeutsames Pharmaunternehmen wird auch damit nicht entstehen. Der Konsolidierungsprozess der Pharmabranche läuft nun bereits über eine Dekade und wird noch weiter andauern. Übernahmekandidaten gibts genug.

Pharmabranche seit nunmehr 10 Jahren im Fusionsfieber

Die Pharmaunternehmen tanzen ihren Fusionsreigen weiter. Der Konsolidierungsprozess der Branche hält nun bereits über eine Dekade an. Wir Kunden haben uns längst an neue künstliche Namen gewöhnt. Denken wir zehn Jahre zurück in den April 1996: Die Schweizer Firmen Sandoz und Ciba Geigy schließen sich zusammen, das neue Unternehmen tritt als Novartis auf den Markt. Im Februar vergangenen Jahres dann schluckt Novartis die deutsche Hexal. 1999 fusioniert das traditionsreiche deutsche Unternehmen Hoechst mit Rhône-Poulenc. Aventis entsteht und Hoechst, in den frühen 80er Jahren noch auf Position eins der Branche zu finden, verschwindet.
Doch auch Aventis bleibt nicht lange alleine. Im April 2004 wird das Unternehmen von seinem Wettbewerber Sanofi-Synthélabo übernommen und seither kennen wir Sanofi-Aventis. (1), (2)

Und jetzt wurde das einstige deutsche Pharma-Flaggschiff Bayer aktiv. Als Weißer Ritter kam Bayer seinem Konkurrenten Schering zu Hilfe und erlöste ihn vor einer feindlichen Übernahme durch die Firma Merck.

Das Darmstädter Familienunternehmen Merck hatte am 13. März alle in höchste Aufregung versetzt, als es auf einer Pressekonferenz bekannt gab, seinen Berliner Wettbewerber Schering für 14,6 Milliarden Euro kaufen zu wollen. Scherings Vorstand Hubertus Erlen zeigte sich alles andere als begeistert über diesen ungebetenen Eindringling.

Deutlich willkommener war ihm die Leverkusener Bayer, die am 23. März ein Gegenangebot in Höhe von 16,3 Milliarden Euro machte. 1,7 Milliarden Euro mehr und die Hoffnung auf den Erhalt des Firmenstandortes Berlin stießen bei den Schering-Verantwortlichen auf deutlich mehr Gegenliebe.

Die Schering-Aktionäre dürften bei der Aussicht auf 86 Euro in bar pro Aktie nur wenig gegen den Besitzerwechsel einwenden. Mit 16,3 Mrd. Euro bezahlt Bayer das 2,7fache des für 2006 erwarteten Schering-Umsatzes. Größter Schering-Aktionär ist übrigens die Allianz. Sie hält zwölf Prozent der Anteile. Und auch bei Bayer ist die Allianz gut im Spiel. Mit 2,8 Prozent ist sie hier zeitgrößter Aktionär. (3)

Finanziert werden soll die Übernahme mit einer zwei Milliarden Euro schweren Pflichtwandelanleihe, eine der größten in Europa seit langem. (4) Das Fusionsvorhaben muss von den Kartellbehörden in

Brüssel und den USA genehmigt werden, mit Auflagen rechnet Bayer jedoch nicht.

Klappt alles, kann die bis dato größte deutsche Pharmafusion beginnen. Zusammen kommen Bayer und Schering nach der Übernahme auf einen Gesamtumsatz von fast 38 Milliarden Euro und auf fast 130 000 Mitarbeiter, davon allein 50 000 im Pharmageschäft.

Der Angreifer Merck räumte übrigens rasch das Feld.

Deutscher Branchenprimus international nur im Mittelfeld

Bayer wird sich damit voraussichtlich als neuer Primus an die Spitze der deutschen Pharmabranche setzen und Boehringer Ingelheim hinter sich lassen. [Abb.1] Bekannte Marken und Umsatzträger wie Aspirin (Bayer) und die Antibabypille Yasmin (Schering) kommen dann aus einer Hand.
Experten gehen davon aus, dass bei der Übernahme rund zehn Prozent der Stellen eingespart werden. Die Sparte Bayer HealthCare beschäftigt fast 34 000 Mitarbeiter, Schering hat knapp 25 000 Arbeitsplätze. Damit würde die Pharmabranche bei der Fusion schätzungsweise rund 6 000 Arbeitsplätze verlieren,

davon vermutlich rund 600 in Deutschland was aber Bayer bislang nicht bestätigen will.

International gesehen bleibt Deutschland in der Pharmabranche auch nach der Fusion Bayer-Schering ein mittelständischer Nischenanbieter. Noch in den 80er Jahren war die Bayer AG ein Pharmaunternehmen von Weltrang und lag auf Platz 2 hinter Hoechst. Doch dann ging es abwärts. Bayer fiel in der Liste der größten Pharmaunternehmen weit zurück auf Platz 21 und machte 2001 extrem negative Schlagzeilen als der Blutfettsenker Lipobay aus dem Markt genommen werden musste.
Dann übernahm Werner Wenning als Vorstandschef das Ruder und richtete das Unternehmen neu aus. Bayer rückte in den letzten Jahren immerhin wieder auf Platz 14 vor und ist in den Geschäftsbereichen Gesundheit, Agro, Polymere und Chemie unterwegs. Wenning lagerte Teile des Chemie- und Kunststoffgeschäfts in die neue Gesellschaft Lanxess aus. Er stärkte die Pflanzenschutzsparte des Unternehmens, indem er Aventis Crop Science übernahm. Und er erwarb die Sparte rezeptfreie Medikamente von Roche.

Gelingt nun das Schering-Vorhaben, wäre dies die größte Übernahme in der 142-jährigen Firmengeschichte von Bayer. Bayer will den Bereich Pharma aus dem Verbund des Teilkonzerns Bayer

Health Care lösen und mit Schering fusionieren. Das so entstehende Unternehmen Bayer Schering Pharma soll seinen Sitz in Berlin haben, wäre Marktführer im deutschen Pharmageschäft und hätte einen Pharma-Umsatz von mehr als neun Milliarden Euro. 700 Millionen an Synergieeffekten soll die Fusion im Jahr 2008 bringen. Mit positiven Ergebnisbeiträgen aus der Übernahme rechnet Bayer von 2009 an.

Der Bayer-Vorstandschef Werner Wenning will die Gesundheitssparte zum Hauptwachstumsmotor seines Konzerns ausbauen. Sie soll künftig die Hälfte der Konzernumsätze liefern. Er verspricht sich eine gestärkte Position in der Krebsbekämpfung, in der Biotechnologie, in der Onkologie, Kardiologie, Hämatologie und der Gynäkologie. 15 bis 17 Prozent des gemeinsamen Pharmaumsatzes sollen dafür als Forschungsbudget bereitgestellt werden.
Das Gesundheitsgeschäft von Bayer insgesamt macht mehr als 14 Milliarden Euro aus. Einschließlich der weiteren Aktivitäten im Pflanzenschutz und bei hochwertigen Kunststoffen erzielt Bayer künftig einen Umsatz von mehr als 32 Milliarden Euro. (5), (6), (7), (8)

Merck bleibt weiterhin Single, ist

aber um 250 Millionen Euro reicher

Ob man Merck nun als Verlierer oder Gewinner betrachtet, ist eine Frage des Blickwinkels. Denn immerhin ist Merck zu fünf Prozent an Schering beteiligt. Diese Beteiligung dürfte Merck zu Kursen um die 60 Euro aufgebaut haben. Nun bietet Bayer 86 Euro pro Aktie. Das macht einen deftigen Kursgewinn von 28 Euro je Aktie. Neun Millionen Aktien mal 28 Euro Kursgewinn - damit dürfte Merck seit Ende Januar gut 250 Millionen Euro an dem Schering-Deal verdient haben.
Und zudem könnte Merck den frei werdenden Platz von Schering im Dax einnehmen und den Sportartikelhersteller Puma erneut in die Schranken verweisen.

Die Merck KGaA aus Darmstadt mit Michael Römer als Vorstand an der Spitze des Familienunternehmens erwirtschaftete 2005 einen Umsatz von 5,9 Milliarden Euro und einen operativen Gewinn von knapp 900 Millionen Euro.

Merck ist zum einen im klassischen Pharmageschäft mit Originalmedikamenten unterwegs, hat dort allerdings keine allzu große Bedeutung mehr. Diese Sparte verlor Anfang des Jahrzehnts rund ein Viertel

des Umsatzes als das Diabetes-Mittel Glucophage den Patentschutz verlor. Inzwischen hat sich Merck allerdings wieder erholt und mit dem neuen Krebsmittel Erbitux erstmals wieder ein Medikament mit langfristigem Wachstumspotenzial im Angebot. Und für noch mehr Aufschwung würde es sorgen, wenn das Unternehmen die Zulassung für sein potenzielles Parkinsonmedikament Sarizotan erhielte. Sie soll jedenfalls noch in diesem Jahr beantragt werden.
Deutlich erfolgreicher unterwegs ist Merck hingegen im Geschäft mit Nachahmermedikamenten. Dort ist Merck mit 1,8 Milliarden Euro Umsatz der drittgrößte Anbieter nach Teva und Novartis.
Das Chemiegeschäft von Merck läuft gut, macht rund ein Drittel des Gesamtumsatzes aus und ist vor allem bei den Flüssigkristallen sehr gut im Geschäft.

Von der Schering-Übernahme hatte sich Merck eine Ergänzung der Onkologie und die sofortige Abdeckung der Pharmamärkte USA und Japan versprochen.
Um dies zu realisieren, muss sich Merck nun etwas anderes einfallen lassen. (9), (10), (11), (12)

Konsolidierungkarussell wird in

Deutschland noch weitergehen

Branchenkenner gehen davon aus, dass im deutschen Mittelfeld der Pharmabranche die Konsolidierung rasch weitergehen wird. Viel diskutiert wird beispielsweise eine mögliche Übernahme von Altana, deren Chemiegeschäft und damit rund 30 Prozent des Umsatzes, abgespalten werden sollen. Ebenfalls als Übernahmekandidaten werden Schwarz Pharma und der Generikahersteller Stada gehandelt.

Ob das aktuelle und alle anderen künftigen Fusionsvorhaben halten, was sie versprechen die Zukunft wirds zeigen.

Fallbeispiele

Auch international hält das Fusionsfieber in der Pharmabranche an
- Der Pharmakonzern Sanofi-Aventis hat für 430 Millionen Euro knapp 25 Prozent an dem tschechischen Nachahmerpräparatehersteller Zentiva erworben. Damit expandiert Sanofi-Aventis zum einen in die osteuropäischen Märkte und stärkt außerdem sein Billigsegment. Denn Deutschland

steht mit seinen Problemen im Gesundheitswesen nicht alleine da. Weltweit laufen die Kosten aus dem Ruder und treten die Regierungen auf die Kostenbremse. Gesetzgeberische Maßnahmen wie das zwar vorübergehend gescheiterte deutsche Arzneimittelsparpaket, die Ärzte und Patienten zum Griff zu günstigeren Nachahmer-Medikamenten motivieren wollen, dürften kein Einzelfall sein. Entsprechend agieren die großen Pharmaunternehmen und ergänzen ihr Portfolio sukzessive um Generikahersteller oder deren Präparate. (13), (14), (15)
- Und auch die Generikaanbieter sind nicht untätig und rüsten sich für den verstärkten Wettbewerb. So hat beispielsweise soeben der weltweit viertgrößte Hersteller von Nachahmerpräparaten, der isländische Hersteller Actavis, ein Übernahmeangebot für das kroatische Unternehmen Pliva abgegeben. (16)

Zahlen & Fakten

Top 9 Pharmaunternehmen in Deutschland nach Umsatz 2005

Rang	Unternehmen	Umsatz 2005 in Milliarden Dollar
1	Bayer	9,40
2	Boehringer Ingelheim	8,20
3	Schering	5,40
4	Merck	3,90
5	Altana	3,30
6	Merckle, ratiopharm	1,50
7	Stada	1,02
8	Schwarz Pharma	0,99
9	Grünenthal	0,72

Quelle: Firmenangaben, Bloomberg

Entnommen aus: Die Welt, 14.03.2006, S. 11

Weiterführende Literatur

(1) Zehn ereignisreiche Jahre in der Pharmabranche aus Frankfurter Allgemeine Zeitung, 25.03.2006, Nr. 72, S. 16

(2) Abstiegsmythos
aus Handelsblatt Nr. 058 vom 22.03.06 Seite 8

(3) Überall ein wenig involviert Die Allianz ist sowohl an Bayer als auch an Schering beteiligt. Das macht es dem Konzern leicht, hinter den Kulissen die Strippen des Deals zu ziehen
aus Financial Times Deutschland vom 27.03.2006, Seite 7

(4) Bayer zapft den Anleihemarkt für Schering-Kauf

an
aus Frankfurter Allgemeine Zeitung, 30.03.2006, Nr. 76, S. 23

(5) Der Triumph des Weißen Ritters
aus Frankfurter Allgemeine Sonntagszeitung, 26.03.2006, Nr. 12, S. 35

(6) Personalpläne sorgen für Unruhe
aus Süddeutsche Zeitung, 27.03.2006, Ausgabe Deutschland, S. 24

(7) Bayer springt bei Schering als Weißer Ritter ein Barangebot von 16,3 Mrd. Euro - Integration soll bis 2009 abgeschlossen sein - Synergiepotenzial von 700 Mill. Euro
aus Börsen-Zeitung, 25.03.2006, Nummer 60, Seite 11

(8) Der Coup
aus Handelsblatt Nr. 062 vom 28.03.06 Seite 13

(9) Gewinner auf den zweiten Blick Merck ist beim Schering-Deal doch nicht leer ausgegangen
aus Berliner Zeitung, Ausgabe 74 vom 28.03.2006, S. 1

(10) Merck Favorit für Scherings Platz im Dax
aus Frankfurter Allgemeine Zeitung, 28.03.2006, Nr. 74, S. 25

(11) Merck muss neue Optionen prüfen
aus Handelsblatt Nr. 061 vom 27.03.06 Seite 16

(12) Merck gibt sich rasch geschlagen Vorstandschef

Römer: "Es wäre eine gute Option für beide Unternehmen gewesen" - Kurs steigt
aus Börsen-Zeitung, 25.03.2006, Nummer 60, Seite 10

(13) Nur der Trend spricht für die Aktie von Zentiva
aus FAZ.NET, 27.03.2006

(14) Sanofi-Aventis übernimmt Zentiva
aus Frankfurter Allgemeine Zeitung, 28.03.2006, Nr. 74, S. 17

(15) Nischenfüller statt "Apotheke der Welt"
Deutsche Pharmabranche bleibt mittelständisch strukturiert / Umsatz wächst trotz Kostendruck
aus Allgemeine Zeitung vom 25.3.2006

(16) Pliva im Visier der Actavis-Gruppe
aus Frankfurter Allgemeine Zeitung, 28.03.2006, Nr. 74, S. 17

Impressum

Bayer übernimmt Schering - Größte deutsche Pharmafusion, aber international trotzdem nur Mittelklasse

Bibliografische Information der deutschen Nationalbibliothek

Die Deutsche Nationalbibliothek verzeichnet diese Publikation in der deutschen Nationalbibliografie; detaillierte bibliografische Daten sind im Internet über http://dnb.d-nb.de abrufbar.

ISBN: 978-3-7379-2731-4

für auszugsweise Nachdrucke, fotomechanische Vervielfältigungen (Fotokopie/Mikroskopie), Übersetzungen, Auswertungen durch Datenbanken oder ähnliche Einrichtungen und die Einspeicherung und Verarbeitung in elektronischen Systemen.